# OBSERVATIONS

Sur la proposition de M. COURBET-POULARD,

Membre de l'Assemblée nationale

TENDANT A

## LA RÉDUCTION DU PRIVILÉGE

DES PROPRIÉTAIRES-LOCATEURS D'IMMEUBLES

Affectés à l'industrie ou au commerce.

> ...Il n'entre pas dans notre pensée de contester la juste protection qui est due aux droits et aux intérêts des propriétaires, mais la même protection n'est-elle pas due aux commerçants, aux créanciers qui ont fait foi et confiance à un débiteur?... (Discours de M. DENIÈRE, président du trib. de comm. de la Seine).

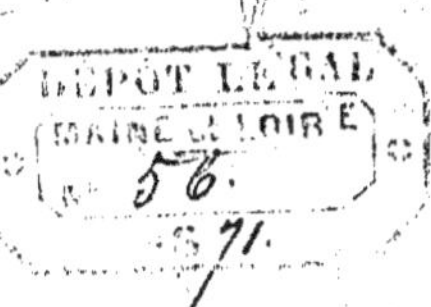

SEGRÉ

IMPRIMERIE DE V. GÉRARD

Juin 1871

# SOMMAIRE

M. Courbet-Poulard, membre de l'Assemblée nationale, a fait une proposition tendant à réduire le privilége des propriétaires d'immeubles affectés à une destination industrielle ou commerciale, lorsque l'industriel ou le commerçant qui les occupe tombe en faillite.

Cette proposition, renvoyée à la Commission d'initiative parlementaire, a, sur les conclusions de M. Théry, son rapporteur, été prise en considération par l'Assemblée dans sa séance du 9 mai, et les bureaux ont nommé pour l'étudier une Commission spéciale composée de MM. Vilfeu, Clément, Robert de Massy, Delsol, Courbet-Poulard, Claude de la Meurthe, V. Hamille, Pajot, Dufour, Perrier, Mazérat, Max Richard, Émile Leroux, Vente et Méplain.

Nous avons eu l'occasion de traiter incidemment ce sujet dans une brochure publiée en 1867, au moment où le Gouvernement présentait au Corps législatif un projet de loi qui nous paraît avoir une grande analogie avec la proposition de M. Courbet-Poulard.

L'antériorité de notre publication nous laissa le

regret de ne pouvoir formuler une appréciation sur ce Projet. C'est ce que nous ferons aujourd'hui, nous proposant d'examiner à nouveau et plus complètement les graves problèmes que soulève une réforme qui touche à plusieurs principes fondamentaux de notre législation.

Nous ne savons si nous pourrons jeter quelque lumière sur des débats auxquels prennent part tant de publicistes éminents. Si nous ne pouvons nous flatter de concilier ou de vaincre leurs dissidences, du moins nous comptons sur l'indulgence des personnes qui nous feront l'honneur de lire ces observations.

Les critiques dirigées contre le privilége du propriétaire ne s'attaquent pas à son principe. Nul ne conteste sa légitimité. Pas de réclamations sur son assiette, sur les personnes auxquelles il est dévolu, sur le rang supérieur qu'il occupe. Le privilége, en tant qu'il grève les fruits de la récolte de l'année, tout ce qui garnit la maison louée ou la ferme, tout ce qui sert à leur exploitation, ne s'étend pas au-delà de ses limites naturelles. La loi ne l'attribue qu'aux personnes qui doivent en jouir, et si l'on peut regretter qu'elle n'ait pas fixé son rang avec plus de précision, on ne saurait nier que la jurisprudence n'ait rationnellement déterminé la place que lui assigne sa nature.

Ce qui paraît exorbitant, inique, c'est d'abord l'étendue de la créance privilégiée, ou pour parler plus exactement, l'étendue de certaines portions de cette créance qui, par leur collocation illimitée, absorbent le gage spécial de la location au-delà de ce qu'exige l'intérêt du propriétaire ;

Ce sont, en second lieu, les conséquences attachées par la loi, ou par la jurisprudence, à l'état de faillite ou de déconfiture, conséquences regrettables pour le preneur et les autres créanciers, même lorsqu'elles se produisent en dehors de l'exercice du privilége.

Cela ne saurait être bien compris qu'en se reportant au texte de la loi. L'article 2102 déclare privilégiés :

> Les loyers et fermages des immeubles,.... savoir : pour tout ce qui est échu et pour tout ce qui est à échoir, si les baux sont authentiques, ou si, étant sous signature privée, ils ont une date certaine : et, dans ces deux cas, les autres créanciers ont le droit de relouer la maison ou la ferme pour le restant du bail, et de faire leur profit des baux ou fermages, à la charge toutefois de payer au propriétaire ce qui lui serait encore dû ;
>
> Et, à défaut de baux authentiques, ou, lorsqu'étant sous signature privée, ils n'ont pas une date certaine, pour une année à partir de l'expiration de l'année courante ;
>
> Le même privilége a lieu pour les réparations locatives et pour tout ce qui concerne l'exécution du bail.

Il importe d'être nettement édifié sur les principes qui ont dicté ces dispositions, et sur leur portée, telle que l'a développée la jurisprudence.

## II

I. La faillite ou la déconfiture rend exigibles toutes les créances à terme, à la différence des créances conditionnelles, provisoirement écartées des répartitions de l'actif, sauf aux autres créanciers à fournir des sûretés pour le cas où la condition viendrait à se réaliser ;

II. Les créanciers privilégiés, investis par cette exigibilité du droit de demander la liquidation immédiate des objets affectés à leur garantie, ne sauraient en être dépouillés par les actes postérieurs des chirographaires ;

III. La créance du propriétaire est une créance à terme.

Voilà les trois règles sur lesquelles s'appuient les dispositions de l'article 2102, les deux premières, de droit écrit, c'est-à-dire, créées par la loi et n'existant que par sa puissance ; la dernière, consacrant un principe de droit naturel, préexistant aux lois humaines et en dehors de leur atteinte.

On a tenté de soutenir que les obligations du preneur étaient des dettes multiples, distinctes, successives, éventuelles, soumises à la condition de la jouissance de l'immeuble dont elles sont la représentation et ne commençant à exister qu'au fur et à mesure de la réalisation de cette jouissance..... Mais la Cour suprême a fait justice de cette théorie. Toutes les obligations du preneur, comme tous les engagements produits par les contrats synallagmatiques, constituent une dette unique, fractionnée et différée dans son exécution, mais indivisible dans sa cause ; soumise à la condition résolutoire tacite pour le cas où la jouissance viendrait à cesser ou à être diminuée, mais ayant du jour du contrat et dans son intégrité une existence réelle, certaine ; en un mot, une véritable dette à terme.

De la simple lecture du texte, se dégage avec évidence cette règle générale, que, sauf l'exception formulée dans un cas déterminé pour les loyers ou fermages, le privilége s'exerce sans limitation contre les autres créanciers pour toutes les obligations du preneur. C'est le troisième alinéa qui pose ce principe en termes aussi expressifs que laconiques : *Le même privilége a lieu pour tout ce qui concerne l'exécution du bail.*

Au nombre de ces créances du propriétaire privilégiées sans restriction sont :

Les indemnités motivées sur les dégradations de toute sorte, causées aux bâtiments ou aux terres, lorsque le preneur en est responsable ;

L'indemnité fondée sur la jouissance induement prolongée ;

Les indemnités pour inexécution des travaux exceptionnels ou améliorations non périodiques imposés au preneur ;

Les intérêts valablement stipulés et ceux auxquels le preneur a été condamné ;

Les frais, non-seulement ceux tendant à la liquidation du gage spécial de la location, qui jouissent du privilége général des frais de justice, mais aussi les loyaux coûts du contrat, et les dépens des procédures auxquelles a dû recourir le propriétaire pour assurer l'exécution du bail ou l'exercice de son droit de préférence ;

Le remboursement des avances, en argent ou en nature, faites en vertu du bail ou en vue de son exécution ;

L'indemnité, amiable ou judiciaire, attribuée au bailleur dans le cas de résiliation.

Toutes ces indemnités, intérêts, frais, avances, rentrent dans l'exécution du bail et participent sans limites, nous le répétons, à la collocation privilégiée. Cela a été observé de tous temps, sans difficulté, même dans les Coutumes les moins favorables au privilége du propriétaire.

Quant aux loyers ou fermages, et dans cette expression il faut comprendre toutes les charges périodiques de la location (prix principal, impôts, abonnement au gaz et aux eaux, subsides, faisances...), nous devons, pour la clarté de cet exposé, distinguer trois cas.

1er Cas. *Le bail a acquis date certaine avant la déconfiture ou la faillite.*

Le privilége s'exerce pour tous les loyers ou fermages échus, et pour tous les loyers ou fermages à échoir, quelque longue que soit la durée de la location, et sans déduction d'aucun escompte. Les créanciers et le preneur ne peuvent, sous aucun prétexte, mettre obstacle à cette collocation anticipée.

En vain offriraient-ils une caution, des hypothèques, le dépôt à la Caisse des Consignations de tous les loyers à échoir avec faculté pour le bailleur de les en retirer au fur et à mesure des échéances;

En vain justifieraient-ils d'améliorations faites par le preneur, sans stipulation, pour des sommes considérables, ou de sous-locations consenties à des personnes solvables pour un prix supérieur au loyer principal;

En vain serait-il démontré que les objets garnissant les lieux n'ont subi aucun déplacement, que leur nombre et leur importance se sont accrus depuis la déconfiture ou la faillite, que le bailleur n'a jamais été mieux garanti, qu'il l'est au-delà de ce qu'il pouvait l'espérer:

Le droit du propriétaire, droit absolu, reconnu par la jurisprudence, est d'être payé immédiatement, par anticipation, jusqu'à concurrence de la valeur de son gage spécial, et les créanciers ne sauraient y porter aucune atteinte par une cession du droit au bail à un tiers, ou par le concordat consenti au profit du preneur.

Si le prix des objets garnissant les lieux est insuffisant, ou s'il n'y a pas de gage spécial, soit parce que la nature de la location n'en comporte pas, soit parce que la déconfiture ou la faillite du preneur ont éclaté avant son entrée en jouissance, le bailleur concourt avec les chirographaires pour toutes les créances échues ou non, dont l'exercice de son privilége n'a pu lui procurer le recouvrement.

Les autres créanciers ont le droit de faire exploiter l'immeuble pour leur compte, d'en rendre la jouissance au preneur concordataire, ou de le relouer pour faire leur profit des loyers ou fermages.

Ce droit des créanciers est plus ou moins étendu, suivant que le bail interdit, ou non, la cession ou sous-location.

Le contrat renferme-t-il la défense expresse ou implicite de sous-louer? — Le propriétaire a le droit de demander la résiliation immédiate, à la condition de limiter l'exercice de son privilége aux obligations échues et à l'indemnité représentant le préjudice que lui cause l'inexécution du bail. — S'il préfère se faire colloquer pour les termes à échoir et s'il ne peut, faute de suffisance du gage, n'en obtenir que le paiement partiel, les autres créanciers ont le droit de disposer de la jouissance pour le temps correspondant aux loyers payés par anticipation, sans être tenus et sans pouvoir être contraints de la prolonger au-delà.

Le bail ne contient-il aucune prohibition? — Le propriétaire ne saurait, en restreignant son privilége aux obligations échues, mettre obstacle à la relocation ; mais ce droit ne peut être exercé qu'à la condition expresse d'effectuer aux mains du bailleur le paiement actuel et intégral des loyers échus et à échoir. Il ne suffirait pas aux créanciers de payer les loyers échus et de consigner somme suffisante pour le paiement de tous les termes à échoir. — La collocation partielle des loyers à échoir autorisera les créanciers à disposer de la jouissance de l'immeuble pendant le temps correspondant au montant des loyers anticipés. Ils ne seront pas tenus d'exécuter le bail pour toute sa durée, même en présence de l'offre du bailleur de renoncer à toutes sûretés spéciales. Mais s'ils veulent disposer de la jouissance jusqu'à l'expiration du bail, ils doivent, sous peine de résiliation immédiate, compléter le paiement actuel et intégral des loyers ou fermages à échoir.

Telle est l'interprétation que la Cour régulatrice a donné de ces mots : *à la charge toutefois de payer au propriétaire tout ce qui lui serait encore dû.* Nous ne pouvons dire qu'elle soit de tous points irréprochable ; mais ce n'est pas ici le lieu de formuler des critiques.

2ᵉ Cas. *Le bail est verbal ou constaté par un écrit n'ayant pas acquis date certaine avant la déconfiture ou la faillite.*

Le bailleur est privilégié *pour une année à partir de l'expiration de l'année courante :* rédaction malheureuse, qui a donné lieu à quatre systèmes, que nous ne saurions développer dans ce bref exposé. Qu'il nous suffise de dire que, d'après la jurisprudence constante de la Cour suprême et, par conséquent, dans la pratique, le propriétaire exerce son privilége pour toutes les années échues, l'année courante, et celle qui la suit.

La limitation du privilége n'implique pas d'ailleurs pour les créanciers le droit de restreindre les autres effets du bail. Ayant cause du preneur, ils sont tenus de respecter les contrats qu'il a consentis, quoiqu'ils n'aient pas de date certaine et ne soient même pas constatés par écrit, s'ils n'en établissent pas le caractère frauduleux. Ils ne peuvent, en conséquence, donner congé pour l'expiration de l'année qui doit suivre l'année courante, si les déclarations du preneur ou le bail représenté assignent à la location une durée plus longue. Réciproquement on ne saurait leur contester le droit, autrefois reconnu par le Châtelet de Paris, de relouer à leur profit ou d'utiliser la jouissance de l'immeuble.

**3ᵉ Cas.** *Le preneur occupe les lieux en vertu de la tacite reconduction.* Sous le rapport de l'exercice du privilége, la tacite reconduction se confond avec le bail qui l'a précédée. Le bailleur est donc privilégié pour tous les loyers échus et à échoir, si la location primitive est constatée par un acte ayant acquis date certaine avant la déconfiture ou la faillite. Dans le cas inverse, son droit de préférence est réduit aux termes échus, à l'année courante, et à celle qui la suit.


## III


Voilà le privilége, tel que l'ont fait la loi et la jurisprudence.

Est-il besoin de signaler ses inconvénients, de rappeler les plaintes incessantes qu'il soulève, les résistances qu'il provoque, les vœux, chaque jour plus accentués, qui en sollicitent la réformation?

Par le seul fait de la déconfiture ou de la faillite, tous les loyers d'un bail sont transformés en un capital immédiatement exigible. Le propriétaire touche, en une seule fois, par anticipation, dix, vingt, trente années de loyers, c'est-à-dire, une somme peut-être supérieure à la valeur de son immeuble et dont l'escompte n'est pas même déduit! Les autres créanciers sont ruinés, mais le propriétaire s'enrichit. Pour lui, la faillite est un événement heureux; la loi fait passer entre ses mains le gage des autres créanciers.

Le preneur vient d'obtenir un concordat : il y a lieu d'espérer qu'il saura reconquérir sa fortune perdue, son honneur compromis, qu'il paiera l'intégralité de ses dettes. Mais le propriétaire réclame vingt années de loyers. On lui offre une caution, une hypothèque, un dépôt à la Caisse des Consignations, toutes les sûretés imaginables..... Il les refuse. Plus de concordat; plus de dividendes; plus d'espérances de réhabilitation. Le failli, sa famille sont voués sans retour à la misère, au déshonneur!

D'importantes améliorations ont été réalisées sur l'immeuble, sa valeur a notablement augmenté. Les créanciers voudraient, au moyen d'une cession du droit au bail, tirer profit de cette plus-value créée peut-être avec leur argent. Surgit le propriétaire, qui veut être intégralement payé, sous peine de résiliation. — Laissez-nous relouer, lui disent les créanciers. Vous ne courez aucuns risques. Vous êtes pleinement garanti. — Je le reconnais, répond le propriétaire, mais j'exige le paiement actuel et intégral. — Mais il nous est impossible de trouver la somme nécessaire pour vous désintéresser. — Alors c'est moi qui profiterai de la plus-value.

C'est ainsi que le privilége du propriétaire, protection légitime et nécessaire d'une créance éminemment favorable, se transforme en instrument de



2

spoliation et devient une prime donnée à la cupi-
dité.

Et ce n'est peut-être pas le résultat le plus grave,
comme le disait en termes éloquents Mᵉ Vavasseur
devant la Cour d'Orléans : « Ce n'est pas seule-
» ment l'intérêt personnel du failli et des créan-
» ciers qui est en jeu ; ce ne sont pas seulement
» les liquidations des faillites qui sont entravées,
» les concordats qui deviennent impossibles ; mais
» le commerce entier est livré au hasard ; les chan-
» ces de pertes sont centuplées pour chaque négo-
» ciant ; le crédit s'épouvante et il faut convenir
» que sa frayeur est légitime, car il a toujours de-
» vant les yeux, comme un spectre menaçant, un
» bail authentique à long terme qui viendra le
» primer au moment de la faillite sur le plus clair
» de l'actif. »

## IV

Ces inconvénients s'étaient produits dans notre
ancienne législation, mais le Châtelet de Paris y
avait remédié, en partie, en autorisant la résiliation du bail dans le cas de faillite. « ....Lorsqu'il
» y a banqueroute ouverte, porte l'acte de notoriété
» du 7 février 1688, le juge, par équité, prononce la
» résolution du bail et donne un temps de trois ou
» six mois au plus au propriétaire, du jour de la
» banqueroute, jusqu'auquel temps il exerce son

» privilége, et le même jugement permet aux
» créanciers de relouer les lieux à leur profit. »

Les jurisconsultes les plus éminents, notamment
Bourjon et le lieutenant civil Le Camus, auraient
désiré étendre cet usage à la déconfiture. « Pour-
» quoi donc, disait le célèbre auteur *Du Droit com-*
» *mun*, ne pas venir à ce judicieux tempéramment
» (dans le cas de vente des meubles sur saisie) et
» limiter le privilége du propriétaire à ce qui lui
» est dû et aux loyers qui écherront jusqu'à un
» délai long et convenable? Le contraire est pré-
» jugé que l'habitude soutient nonobstant l'incon-
» vénient auquel il serait juste de parer. Ce sont
» les raisons qui fondent ce vœu,... mais jusqu'à
» présent impuissantes. *La raison et l'équité qui*
» *les fondent les feront cesser un jour d'être telles.* »

Ce fut pour répondre à ce désir si ardemment
exprimé que la Commission du Gouvernement in-
séra dans son projet de Code civil la disposition
suivante :

Dans les deux cas ci-dessus, le privilége du propriétaire
a lieu, en outre, pour le loyer ou fermage pendant le temps
nécessaire suivant les usages des lieux pour louer ou affer-
mer lesdits immeubles, ainsi que pour les réparations locatives et tout ce qui concerne l'exécution du bail.

Cette disposition ne fut pas reproduite par le
Projet de la Section de législation, et dans la dis-
cussion préparatoire au Conseil d'État, aucune
voix ne s'éleva pour rappeler l'usage du Châtelet.

De sorte qu'en 1871, la solution est moins
avancée, la situation plus intolérable qu'en 1688.

## V

Maintenant voici le Projet présenté par le Gouvernement au Corps législatif le 26 décembre 1867.

L'article 550 du Code de Commerce est modifié ainsi qu'il suit :

### Art. 550.

Le privilége établi par l'article 2102, n° 1, du Code Napoléon, au profit du propriétaire, ne s'applique, au cas de faillite, lorsque les baux sont authentiques ou qu'étant sous signature privée ils ont une date certaine, au prix du bail des boutiques, magasins et autres locaux servant, soit à l'exercice du commerce ou de l'industrie, soit au logement du failli dans le même immeuble, que pour les termes échus et les termes à échoir pendant deux ans, à partir du terme qui suit le jugement déclaratif de la faillite ; il s'applique également à l'indemnité due pour réparations locatives, pour réparations et travaux stipulés au contrat et, s'il y a lieu, pour tous dommages-intérêts résultant de l'inexécution du bail.

Les créanciers du failli ont le droit de s'opposer à la demande en résiliation qui serait formée par le propriétaire, à la charge par eux :

1° De payer les loyers échus ;

2° De garnir ou de faire garnir les lieux loués d'effets mobiliers suffisants pour garantir le paiement du loyer pendant une année ;

3° De consigner une somme égale au prix du bail pendant deux années et aux indemnités qui pourraient être dues pour réparations locatives et pour réparations et travaux stipulés au contrat.

La somme ainsi consignée ne pourra être retirée par les

créanciers tant que le bail continuera à être exécuté, et sera affectée par privilége à la garantie des loyers, indemnités et dommages et intérêts qui pourraient être dus au propriétaire.

Le privilége et le droit de revendication établis par le nº 4 dudit article 2102, au profit du vendeur d'effets mobiliers, ne seront pas admis en cas de faillite.

Analysons ces dispositions :

1º Le privilége n'est révisé que dans le cas de faillite.

2º La réforme ne s'applique qu'aux baux authentiques ou ayant date certaine.

3º La réduction ne porte que sur les baux des boutiques, magasins et autres locaux servant soit au commerce ou à l'industrie, soit au logement du failli dans le même immeuble.

4º Le privilége est maintenu sans limitation pour tous les termes échus.

5º Les loyers à échoir sont privilégiés pendant deux ans à partir du terme qui suit le jugement déclaratif de la faillite.

6º Le privilége est expressément accordé pour l'indemnité due pour les réparations locatives, pour réparations et travaux stipulés au contrat, et, s'il y a lieu, pour tous dommages et intérêts résultant de l'inexécution du bail.

7º Les créanciers ont, sous certaines conditions, le droit de s'opposer à la résiliation, mais le Projet ne se préoccupe pas du cas où le propriétaire aurait un droit acquis à cette résiliation.

8º Le Projet réglemente les conditions auxquelles il soumet l'exercice de la relocation.

9º Enfin, et ce n'est pas le point le moins important, le Projet garde le silence sur la collocation chirographaire que, dans l'état actuel de la législation, le bailleur peut, en cas d'insuffisance de son gage spécial, exercer pour tous les engagements résultant de la location, échus ou à échoir.

Examinons successivement chacune de ces dispositions.


## VI


Le privilége n'est révisé que dans le cas de faillite.

Pour les créanciers du non-commerçant, il continuera de subsister avec toutes ses conséquences, telles que la jurisprudence les a déduites, et les distributions par contribution verront se reproduire ces résultats, qui, comme le dit un arrêt, inquiètent la religion du magistrat, lorsqu'ils n'alarment pas la conscience du propriétaire.

La disposition du Projet s'applique-t-elle à la déconfiture commerciale, c'est-à-dire, au cas où le commerçant liquide son insolvabilité à l'amiable, sans que sa faillite ait été déclarée? Sans nous arrêter à cette difficulté, qu'il suffit de signaler, nous nous demandons quelle peut être la raison du maintien, dans son intégrité, du privilége, lorsque l'immeuble est occupé par un non-commerçant. Est-ce la nature de la créance? Est-ce la destination de la location?

*La nature de la créance?* — C'est toujours une

créance purement civile. La destination de l'immeuble et la qualité du preneur ne sauraient en aucun cas, lui imprimer un caractère commercial.

*La destination de la location?* — Qu'importe cette destination? Le propriétaire d'un magasin, d'une usine, n'est pas moins favorable que le propriétaire d'une ferme, d'une construction exclusivement affectée à l'habitation. Le prix du bail des locations industrielles ou commerciales n'est-il pas, comme les fermages, comme le prix des logements, l'une des sources les plus importantes du revenu des citoyens, l'une des bases principales de l'existence des familles? Le magasin où s'exerce le commerce, l'atelier où s'opère le travail, l'usine où se développe l'industrie, ne sont-ils pas, et au même degré, comme la terre qui produit la récolte, comme la maison qui abrite la famille, des choses indispensables à la vie et à l'activité humaines? La faveur qui s'attache à toutes les locations, n'est-elle pas indivisible?

Le privilége du propriétaire de l'usine, du magasin serait, pour les loyers à échoir, limité à deux ans, et le même privilége continuerait de s'exercer pour quinze, dix-huit années sur le mobilier du fonctionnaire, sur les bestiaux ou les ustensiles aratoires du cultivateur! Cela n'est pas admissible.

Ce sont, à la vérité, les tribunaux consulaires qui, en présence de l'importance et de la durée, chaque jour croissantes, des locations commerciales, sollicitent avec le plus d'insistance la réduction du privilége. Mais le commerce n'en est pas moins intéressé à ce que la réforme soit généralisée. Ne sont-ce pas, pour la plupart, des fabricants, des fournisseurs, des commerçants, qui produisent aux distributions ?

En résumé, aucun motif sérieux de créer une nouvelle divergence entre la législation civile et le droit commercial. Les raisons qui commandent la réduction pour la faillite la réclament pour la déconfiture.

Le Projet pèche à son point de départ :

C'est l'article 2102 du Code civil, non l'article 550 du Code de Commerce, qu'il faut réviser.

La réforme, si elle s'arrêtait à la faillite, pourrait calmer quelques plaintes, mais il en surgirait bientôt de nouvelles, même de la part des commerçants, et les publicistes ne manqueraient pas de dire, comme Bourjon, en présence de l'incomplète réforme du Châtelet : Pourquoi ne pas étendre à l'insolvabilité du non-commerçant une restriction jugée salutaire dans le cas de faillite, et laisser se perpétuer les abus et les scandales de cette collocation privilégiée ?


# VII


Le Projet maintient la distinction établie par le Code civil entre les baux verbaux ou sans date certaine et les baux authentiques ou n'ayant pas acquis date certaine.

Cette distinction n'existait pas dans la législation romaine.

Nos Coutumes, si riches par la variété de leurs dispositions sur le privilége du locateur, ne l'avaient pas admise.

Dans leurs observations sur le Projet de Code civil, plusieurs tribunaux d'appel en avaient demandé la suppression.

Elle ne s'est introduite dans la rédaction définitive qu'à la faveur de souvenirs confus, pour ne pas dire erronés, des usages du Châtelet de Paris, qui ne l'avait créée que pour faire brèche dans le privilége.

Elle n'existe plus en Belgique.

Nous demandons qu'elle soit irrévocablement proscrite.

Le propriétaire qui loue à l'artisan, au closier, à l'employé, au petit commerçant, se passe le plus souvent de l'office du notaire et fait l'économie des droits d'enregistrement. Si humble que soit sa créance, elle est aussi favorable et demande la même protection que les baux d'un prix plus élevé. L'infériorité de la garantie réfléchirait contre le locataire, et ce serait, assurément, méconnaître les causes sur lesquelles repose le privilége que d'en subordonner l'étendue à l'importance de la location.

Mais, dira-t-on, le bail qui n'a pas acquis date certaine avant la déconfiture ou la faillite est une porte ouverte à la spoliation ; c'est un acte suspect.

— Erreur de fait et erreur de droit.

La fraude, toujours possible quelle que soit la forme du bail, ne se produit pas plus souvent à l'occasion des locations verbales que des baux authentiques. Autrement le bail verbal aurait bientôt cessé d'être ce que l'ont fait nos mœurs : la location populaire par excellence.

En droit, la même présomption de sincérité couvre tous les baux. Les stipulations du bail sans date certaine, et, à défaut d'écrit, les déclarations du locataire sont opposables aux autres créanciers qui, n'étant que les ayant cause du preneur, ne sauraient paralyser les effets des contrats par lui consentis, sans en établir le caractère frauduleux.

Et d'ailleurs, quelle utilité cette distinction pourrait-elle offrir désormais? Pour les termes échus, la jurisprudence place tous les baux sur la même ligne. Pour les loyers à échoir, le Projet limite la collocation privilégiée des locations authentiques à deux années à partir du terme qui suit le jugement déclaratif, ce qui la rapproche singulièrement de celle assignée par l'article 2102 au bail sans date certaine.


## VIII


La réduction proposée ne porte que sur les baux des boutiques, magasins et autres locaux servant, soit à l'exercice du commerce ou de l'industrie, soit au logement du failli dans le même immeuble.

A la simple lecture du Projet, on aperçoit deux espèces de baux qui continuent à jouir, pour les loyers à échoir, d'un privilége illimité. Ce sont :

Le bail des lieux servant à l'habitation du failli,

lorsqu'ils ne sont pas compris dans l'immeuble affecté à son commerce ou à son industrie ;

La location rurale, lorsqu'elle s'exploite à l'aide de bâtiments distincts de ceux occupés par l'établissement commercial ou industriel.

Mais comme le Projet ne parle que *du prix du bail des magasins, boutiques et autres locaux servant à l'industrie ou au commerce,* nous nous demandons :

Si l'on devrait considérer comme le prix du bail d'un local servant au commerce le loyer intégral de la maison dans laquelle le négociant failli aurait installé un simple bureau pour ses affaires ;

Si dans le cas fréquent où la même location sert à la fois à une exploitation agricole et à l'exercice d'une industrie ou d'un commerce, on devrait recourir à une ventilation pour déterminer le fermage des terres et le loyer des constructions, et même estimer séparément le loyer des constructions servant au commerce et celui des bâtiments affectés à l'exploitation rurale ; si l'on devrait s'attacher au caractère prédominant de la location, prendre en considération ces circonstances que les produits agricoles sont versés dans l'industrie du locataire, que les fonds ruraux et les bâtiments à l'aide desquels ils s'exploitent appartiennent à divers propriétaires.....

Ces questions, nous ne saurions les résoudre, ne pouvant pénétrer le motif qui porte les auteurs du Projet à restreindre le privilége, ou à le maintenir illimité, suivant la destination de l'immeuble.

Voici un failli qui se livrait à un petit commerce, tout en exploitant une grande ferme, dans des bâtiments distincts. C'est l'exploitation rurale qui a absorbé les capitaux des créanciers, et qui a ruiné le locataire de la boutique, et c'est au propriétaire de la ferme qu'est attribué le privilége illimité !

Voilà un banquier qui possède maison de campagne, hôtel à la ville, bureaux séparés de son habitation. Faillite. Passif considérable. Pour seul actif : son mobilier. On veut, pour donner un dividende aux créanciers chirographaires, réduire les priviléges des propriétaires. Lesquels va-t-on choisir ? Sans doute, le propriétaire de la maison de campagne, de l'habitation de ville, dont la location a servi au banquier à déployer un luxe qui a capté la confiance de sa clientèle ? Non. C'est sur le mobilier du bureau que portera la réduction du privilége !

Un industriel habitait son usine. Il la quitte, quelques mois avant le dépôt de son bilan, et installe son mobilier dans un logement séparé. Par le seul fait de leur déplacement, ses meubles qui n'auraient été, aux termes du Projet, grevés au préjudice de la masse que d'un privilége biennal, se trouvent, sans limitation, soumis au privilége du propriétaire du logement !

C'est ainsi que perdant de vue cette idée fondamentale que toute location, quelle que soit sa destination, est également favorable, a droit à la même protection, les rédacteurs du Projet se laissent entraîner à des distinctions arbitraires, qui, indépendamment des difficultés d'interprétation qu'elles créent, produisent des résultats en opposition directe avec le but qu'ils cherchent à réaliser.

Veut-on, en limitant le privilége dans une équitable mesure, donner plus de sécurité au commerce, développer le crédit, aplanir les obstacles qui entravent les liquidations commerciales, paralysent les concordats, et qui seront toujours l'inévitable conséquence de l'exercice d'un droit exorbitant, si clairement formulé qu'il soit dans les textes? Qu'on réduise sans distinction, d'une manière générale, le privilége du propriétaire dans le cas de faillite.

## IX

Le Projet maintient le droit de préférence pour tous les loyers échus.

Nous estimons qu'il doit être réduit.

Le propriétaire n'a pas besoin, pour les termes échus, d'une garantie indéfinie, et le privilége cesse d'être légitime en cessant d'être nécessaire. Il est bon que les personnes qui contractent avec le preneur aient la certitude que son mobilier ne sera pas grevé par la location au-delà d'une limite connue. C'est à cette condition que le crédit du locataire peut s'affermir, le commerce se développer.

Sur quel mode établir cette limitation?

Peut-être proposera-t-on de fixer, comme la loi belge, l'étendue du privilége à trois années échues pour les fermes, à deux ans pour les baux à loyer.

Les systèmes qui procèdent par régles fixes, invariables, ont de l'attrait, et le législateur se laisse quelquefois séduire par leur simplicité. Mais les lois rationnelles, les bonnes lois, sont celles qui, douées d'une flexibilité suffisante pour se plier aux faits, ne cessent jamais, dans l'application, d'être fidèles au principe qui les a dictées.

Aux importantes locations urbaines, aux vastes exploitations industrielles, dont le loyer annuel se paie habituellement en un seul terme, on peut raisonnablement attribuer le privilége pour trois années. Cette durée serait excessive pour les petites locations rurales qui paient un fermage semestriel. Deux ans pour les logements dont le loyer est payable tous les trois mois, ou même au mois, auraient pour résultat de fournir un aliment à la fraude, lorsqu'elles n'auraient pas servi à favoriser l'incurie du propriétaire.

C'est le terme qui doit être pris pour base de la limitation. Pour deux raisons : la première, parce que le privilége a principalement en vue, en garantissant le bailleur, d'assurer des délais au locataire ; la seconde, parce que le rapprochement des échéances des loyers est, en général, en corrélation avec la valeur du gage spécial de la location.

Trois termes nous paraissent une limitation équitable, celle qui convient aux plus petites locations, comme aux plus importantes.

C'était la pratique du Châtelet de Paris pour les baux sans date certaine ou verbaux.

Cambacérès, dans ses Projets de Code civil, n'accordait qu'un seul terme échu. Nous ne le suivrons pas dans sa rigueur. Ce serait paralyser l'action bienfaisante du privilége que de ne pas l'étendre à tous les loyers dont il est présumable que le bailleur consentira à retarder le paiement.

Rarement, il est vrai, le propriétaire attend la troisième échéance; mais le cas se présente, et il ne faut pas, en diminuant la garantie, provoquer la poursuite contre un locataire qui a besoin de ce délai pour surmonter un état de gêne momentané résultant du chômage, de la maladie, de la perte de récoltes ou de bestiaux.

La durée des termes échus et privilégiés doit être réglée d'après les usages des lieux. Pour un double motif. La durée du privilége ne saurait varier au gré des parties. La loi seule, peut la déterminer. Cela est de l'essence des priviléges, sauf pour celui du gagiste. Il importe, en outre, que les personnes qui se proposent de contracter avec le preneur puissent supputer la charge qui pèse sur son mobilier. L'usage local leur offrira un mode facile d'information.

En limitant le privilége à trois termes échus, il est entendu que nous parlons des trois derniers termes échus avant la déconfiture ou la faillite. La préférence des termes échus postérieurement ne saurait être discutée.


## X


Nous abordons la collocation des loyers à échoir, point capital de la réforme, celui qui soulève les débats les plus vifs, provenant de ce que certains esprits persistent à maintenir l'application à la créance du propriétaire d'une règle que l'équité voudrait mettre à l'écart.

Le Projet donne le privilége pour les termes à échoir pendant deux années à partir du terme qui suit le jugement déclaratif de la faillite.

Deux hypothèses se présentent :

Le bail est résilié ;

Il est continué par les créanciers, leur cessionnaire, ou le failli concordataire.

Dans quelle hypothèse le propriétaire pourra-t-il exercer son privilége pour deux années à échoir ? — Il le pourra dans les deux cas. Cela résulte avec évidence de l'ensemble du Projet.

Par conséquent, si les créanciers veulent disposer des lieux, ils devront :

1° Souffrir pour deux années la collocation des loyers à échoir ;

2° Garnir les lieux de meubles suffisants pour répondre d'une année de loyer ;

3° Consigner une somme égale au prix du bail pendant deux ans, et aux indemnités qui pourraient être dues pour réparations locatives et pour travaux stipulés au contrat.

Au total : pour disposer des lieux, les créanciers devront prélever sur l'actif de la faillite ou se procurer une somme supérieure à cinq années de loyer.

Cinq années de loyer !

C'est, pour la plupart des cas, retirer aux créanciers l'exercice du droit qu'on leur promet. Ils ne pourront, ils ne voudront pas relouer, et, par une conséquence forcée de la situation qui leur est faite, la location sera résiliée.

Et dans quelles conditions cette résiliation s'o-
pérera-t-elle ?

1° Les créanciers sont dépouillés du droit le
plus légitime, le plus incontestable, du droit à la
jouissance de l'immeuble, qu'ils trouvent dans le
patrimoine de leur débiteur et dont ils doivent
pouvoir disposer comme il l'eût pu faire lui-même.

2° Le propriétaire exerce la collocation privilégiée pour deux années à échoir, ce qui donne, à
la vérité, aux créanciers le droit d'utiliser, comme
ils le peuvent faire aujourd'hui, la jouissance pendant la même période ; mais droit souvent sans
profit, vu l'impossibilité de tirer parti d'une jouissance trop limitée, restreinte encore par les opérations de la faillite et dont ils ne sauraient, contre
le gré du bailleur, prolonger la durée.

3° A cette collocation, vient se joindre celle pour
travaux stipulés et inexécutés, travaux dont ils ne
jouiront pas, mais qu'ils paieront, et qui, s'ils ont
ont été exécutés, ne leur ouvriront, dans le silence
du Projet, aucune action en répétition.

Ainsi : spoliation indirecte du droit au bail ;

Faculté illusoire de disposer pendant deux ans
d'une jouissance dont le bailleur a reçu le prix
par anticipation ;

Abandon au propriétaire, sans compensation
aucune, du prix ou de la valeur des travaux stipulés ;

Voilà, sans exagération, où aboutit la réforme
proposée.

La collocation anticipée, quoique amoindrie,
continue de produire ses déplorables conséquences : les créanciers, frustrés, contre toute équité,

d'une partie de l'actif de leur débiteur, et cédant à une irritation trop justifiée, entassent difficultés sur difficultés ; les liquidations se trouvent suspendues, les concordats paralysés ; le crédit s'alarme...

Ce sont exactement les inconvénients précédemment signalés, allégés, il est vrai, mais trop lourds encore pour exercer une influence salutaire sur le réglement des faillites.

Est-il donc impossible de trouver un système qui les supprime, de formuler une règle qui donne satisfaction au propriétaire, aux créanciers, au commerce ; une règle qui, attribuant à chacun ce qui lui est dû et ne lésant aucun intérêt, réalise cet éternel principe de justice inscrit par Justinien au frontispice des Institutes : *Suum cuique tribuere, neminem lædere?*

## XI

Les magistrats consulaires ont constaté que les contestations soulevées dans les faillites par le réglement des droits du propriétaire proviennent, le plus souvent, des dispositions de l'article 2102. Quelque soucieux que soit le bailleur de son intérêt, si son sens moral n'est pas perverti, si ses appétits ne sont pas excités par la connaissance de la loi, il est rare que les conseils du juge-commissaire ne l'amènent pas à s'entendre avec les autres créanciers sur les conditions de la continuation du bail ou de sa résiliation.

Que peut, en effet, demander le propriétaire ?

C'est que toutes les clauses du contrat soient

observées, que tous les droits, résultant à son profit d'engagements ou de faits antérieurs à la faillite, soient respectés.

Par conséquent, si les stipulations ou la nature du bail interdisent au preneur la faculté de sous-louer, les créanciers n'ont pas le droit de relocation, que le failli n'a pu leur transmettre. Ils ne peuvent davantage exploiter personnellement l'immeuble à leur profit : ce serait méconnaître l'esprit du contrat. Mais ils peuvent rendre la jouissance au preneur, en le replaçant, par un concordat, à la tête de ses affaires.

Si le bail, prévoyant la faillite, a stipulé la résiliation de plein droit, cette convention, licite, doit recevoir son exécution, et les créanciers ne sauraient, sous aucun prétexte, disposer de la jouissance.

Enfin si, par suite d'abus, de malversations sérieuses, ou autres causes antérieures à la cessation des paiements, le propriétaire était fondé à demander la résiliation, c'est un droit acquis dont la faillite ne saurait le dépouiller.

Concurremment avec le respect de son droit à la reprise des lieux, droit dont le Projet ne s'est pas préoccupé, le bailleur peut naturellement exiger le paiement des loyers échus ou à échoir jusqu'au jour où s'opérera sa rentrée en possession, et une indemnité représentative du préjudice que lui fera éprouver l'inexécution des conditions du bail ou sa résiliation.

En dehors de ces loyers et de cette indemnité, évidemment privilégiée, le bailleur ne peut rien réclamer. Son droit est réglé. Il a tout ce qu'il doit avoir. Si le prix des objets garnissant les lieux le permet, il sera désintéressé ; sinon, comme tous les privilégiés incomplètement payés, il viendra concourir avec les créanciers chirographaires.

## XII

Pourquoi donc le Projet lui donne-t-il, en cas de résiliation, le droit d'exercer un privilége pour deux années à échoir à partir du terme qui suit le jugement déclaratif ? Que signifient ces deux années ?

On répondra que cette disposition ne se réfère pas à l'hypothèse où le propriétaire fait prononcer la résiliation en vertu d'un droit acquis antérieurement à la faillite, mais au cas où les créanciers, pouvant disposer de la jouissance, refusent d'user de cette faculté ou de remplir les conditions auxquelles elle est subordonnée.

Et qu'importe la cause de la résiliation ? Qu'importe qu'elle ait lieu en vertu d'un droit préexistant à la faillite ou sur le refus des créanciers d'exercer la relocation ? Le bail est résilié. La jouissance va cesser. Le bailleur recevra le loyer jusqu'au jour où elle cessera, et sera indemnisé de tout le préjudice qu'il éprouve. Que lui faut-il de plus ?

Peut-être sera-t-on tenté de voir dans cette collocation de deux années à échoir une sorte d'indemnité à forfait accordée au propriétaire à raison du préjudice que lui cause la résiliation.

Ce n'est pas là, sans doute, la pensée qui a inspiré les auteurs du Projet, puisqu'ils donnent formellement le privilége pour *tous dommages-intérêts résultant de l'inexécution*. L'indemnité fondée sur cette cause, si elle n'est à l'avance réglée par le contrat, doit nécessairement être fixée à l'amiable ou en justice. Le législateur peut bien en poser le principe, mais il ne saurait en arrêter le chiffre, qui doit être l'exacte représentation du préjudice. Dans le cas de résiliation, deux années de loyer pourraient être une insuffisante réparation, surtout si les opérations de la faillite avaient, en se prolongeant, retardé la remise des lieux au propriétaire ; comme aussi elles pourraient être une indemnité non justifiée, si le propriétaire était immédiatement rentré en possession de son immeuble.

Nous nous demandons si les rédacteurs du Projet ne se seraient pas laissés influencer par l'exigibilité que produit la faillite.

L'exigibilité légale n'a évidemment rien à faire ici. La location résiliée cesse d'exister et ne peut produire aucun effet du jour fixé pour sa réalisation. Du moment où cesse la jouissance, cesse l'obligation corrélative du paiement du loyer. Plus de jouissance, plus de loyer, plus de privilége, plus de matière pour l'application de la règle posée par l'article 444 du Code de Commerce.

La conséquence est forcée, inévitable. Le privilége ne saurait survivre à la jouissance.

Donc, pour le cas de résiliation, impossibilité de trouver une explication rationnelle de la disposition du Projet.

## XIII

Au cas de la résiliation du bail se rattache la question des travaux ou appropriations, qui souvent joue un rôle important dans les débats soulevés par l'exercice du privilége.

Les travaux ou appropriations ont été faits, ou non, en vertu des stipulations des parties.

Nous n'avons pas à nous préoccuper des améliorations faites par le preneur, *proprio motu*, sans y être obligé. L'indemnité qu'il pourra réclamer est déterminée par l'article 555 du Code civil.

Quant aux travaux stipulés, peu de mots suffiront pour régler la situation du propriétaire vis-à-vis de la masse.

Les travaux convenus ont été, ou n'ont pas été, exécutés.

Iis n'ont pas été exécutés. — Indemnité pour le propriétaire, indemnité privilégiée, cela va sans dire, mais sur quelle base? Sur la somme qu'il faudrait dépenser pour leur complet achèvement? Non, sur le préjudice causé au bailleur par leur inexécution, préjudice peut-être supérieur au coût des travaux dont l'inaccomplissement au terme convenu empêchera le propriétaire de réaliser une plus-value sur laquelle il a dù compter; et peut-être moindre que le prix des travaux, peut-être nul, s'il est opportun de modifier ces appropriations ou de les supprimer.

Les travaux ont été exécutés. — Le propriétaire

pourra-t-il, sans bourse délier, reprendre la possession de son immeuble? Pourra-t-il se prévaloir de la clause portant qu'en cas de faillite du preneur les travaux lui seront acquis sans indemnité? Et, s'il y a lieu à indemnité, faudra-t-il la régler sur la dépense occasionnée par les travaux, ou sur la plus-value vénale qu'ils ont procurée à l'immeuble, ou sur la plus-value locative?

Nous répondrons que le propriétaire doit indemnité pour les travaux stipulés qui lui profiteront, et ce, en raison de la plus-value locative qui en résultera directement, abstraction faite de l'élévation du prix des loyers, et du bénéfice certain qu'il devra en retirer pour la période résiliée. Cette indemnité est naturellement indépendante de celle à laquelle le preneur aurait droit en vertu du bail, et dont le règlement ne peut, contre le gré du propriétaire, être fait qu'à l'époque et suivant le mode prévus au contrat.

Nous ne faisons d'ailleurs aucune difficulté d'annuler comme illicites, comme faites dans le but de s'approprier frauduleusement une partie du gage commun, les stipulations insérées au contrat en vue d'affranchir le bailleur de toute indemnité dans le cas de faillite. Nul ne peut s'enrichir aux dépens d'autrui. Le propriétaire doit compte des travaux dont il profite par suite de la faillite et en raison du bénéfice que lui procure cet événement imprévu et dont il n'a pas le droit, pour l'exploiter, de prévoir la réalisation.

Il ne sera pas sans utilité d'inscrire dans le texte ce grand principe de justice, trop longtemps méconnu dans cette matière.

## XIV

Nous passons au cas où le bail doit continuer à recevoir son exécution.

Résilier, ce sera souvent pour les créanciers le meilleur moyen de liquider leur situation vis-à-vis du propriétaire. Mais la résiliation du bail n'est pas une conséquence forcée de la faillite. Le propriétaire ne peut l'imposer aux créanciers, investis par le droit commun (art. 1466) de la faculté de disposer des lieux. La jouissance de l'immeuble, restée libre aux mains du preneur, non frappée d'indisponibilité par la nature particulière de la location ou les clauses du bail, ou non compromise par les actes du locataire antérieurs à la faillite, est pour ses créanciers un bien qu'ils trouvent dans son actif et dont ils peuvent disposer, comme de ses autres biens, pour en retirer toute l'utilité, tout le profit qu'il est susceptible de leur procurer, c'est-à-dire, pour la céder à un tiers, la rendre au preneur concordataire, ou en user personnellement en faisant exploiter l'immeuble à leurs risques et périls.

Mais à quelles conditions?

C'est évidemment de remplir toutes les obligations imposées au preneur auquel ils se substituent : paiement immédiat des loyers arriérés; paiement des termes à échoir au fur et à mesure des échéances; exploitation de l'immeuble suivant sa destination et pour toute la durée du bail; exécution des travaux au terme convenu ; dation, maintien ou remplacement des sûretés promises ou données..... En un mot, les créanciers sont tenus d'exécuter le bail ou de faire en sorte qu'il soit exécuté comme le preneur devait lui-même l'exécuter, et dans les mêmes conditions de sécurité pour le propriétaire.

A ces conditions, faut-il en ajouter d'autres ?

Non. Tous les engagements du locataire sont exactement remplis. Le propriétaire n'est déçu dans aucune des espérances qu'il a dû raisonnablement concevoir. Que peut-il exiger de plus ?

Il peut se plaindre, dira-t-on, de la faillite. Il avait compté sur la solvabilité permanente de son locataire, et cette sûreté a disparu.

Que la faillite puisse être pour le bailleur une diminution des sûretés, on ne saurait le nier. C'est notamment ce qui a lieu lorsque le preneur reprend la jouissance à la suite d'un concordat qui le replace à la tête de ses affaires, mais n'efface pas son insolvabilité. C'est ce qui a lieu, aussi, lorsque les créanciers font exploiter l'immeuble à leur compte. L'action divise que le propriétaire pourra exercer contre chacun d'eux, à raison de cette exploitation, n'est qu'une compensation insuffisante de l'action unique qui lui était utilement ouverte contre son locataire avant sa cessation de paiements. Mais on ne saurait dire, d'une manière absolue, que l'état de faillite du preneur soit une diminution des sûretés, le propriétaire pouvant, par suite de la cession du droit au bail, retrouver dans l'action directe contre le cessionnaire, et l'exercice du privilége spécial sur un mobilier plus important, das garanties égales, ou même supérieures, à celles préexistant à la faillite.

Quoiqu'il en soit, dans tous les cas où il y aura, pour le bailleur, diminution des sûretés, les créanciers devront lui en fournir d'autres, au moins équivalentes. Tenus, nous l'avons dit, des mêmes obligations que le preneur, ils sont, par conséquent, tenus de procurer au propriétaire l'entière sécurité sur laquelle il a dû compter.

Donc, pas de doute : s'il y a diminution réelle des sûretés par suite de la faillite, leur remplacement sera la condition préalable de la relocation.

Mais ce ne sont pas seulement des sûretés que le Projet permet au bailleur de réclamer : il l'autorise à exercer son privilége pour deux années à échoir à partir du terme qui suit le jugement déclaratif.

Quelle est la raison de cette collocation anticipée, que M. Courbet-Poulard propose de réduire à dix-huit mois ?

La raison, il n'y en a pas.

Posez cette question à tout homme ayant vécu dans l'ignorance de la loi : Faut-il compter, par avance, deux années ou dix-huit mois de loyer au propriétaire qui est sûr d'être payé aux échéances ? Il vous répondra : Pourquoi donc le payer, puisqu'il est garanti, et ne pas payer les autres créanciers ? — Il faut avoir assisté aux vérifications de créances, pour se rendre compte de l'étonnement de certains propriétaires, quand on leur apprend qu'ils peuvent réclamer leurs loyers par anticipation.

C'est qu'en effet, il n'y a d'autre motif d'une collocation, même partielle, des loyers à échoir, que l'état actuel de la législation. Si parmi les hommes éminents, justement préoccupés de la révision de cette matière, quelques-uns persistent encore à vouloir, comme le Projet de 1867, attribuer au propriétaire une collocation pour loyers non échus, c'est pour cette seule raison, purement juridique, que la créance du bailleur est une créance à terme, et que la faillite la rend exigible, comme toutes les autres créances à terme.

La créance du bailleur est, et sera toujours, une créance à terme. Cela est de sa nature, de son essence. Nulle volonté humaine ne peut faire qu'elle soit autre.

Exigible, elle l'est, mais de par la loi seule. Cette exigibilité peut cesser demain, si la loi l'ordonne.

L'exigibilité légale n'est qu'un expédient inventé par le législateur pour rendre possible la liquidation générale de la situation du failli. Cette règle doit être suspendue, limitée dans son effet, du moment que, infidèle à la mission pour laquelle elle a été créée, elle devient une entrave à la liquidation ou peut en compromettre les résultats.

En présence de la masse, surgit un créancier à terme, nanti d'une première hypothèque, qui, sous prétexte d'exigibilité résultant de l'état de faillite, réclame l'immédiat remboursement de sa créance, en vue de s'approprier l'immeuble grevé, dont les circonstances ont momentanément déprécié la valeur. N'est-il pas du devoir du législateur de suspendre l'exigibilité de cette dette jusqu'au jour où les syndics pourront, avec avantage, réaliser cette portion de l'actif ?

Même situation pour le propriétaire, en présence des créanciers qui veulent relouer.

Pour qu'ils puissent utiliser la jouissance, il est indispensable de supprimer l'exigibilité légale de la créance du bailleur, et d'apporter une exception à la règle posée par l'article 444 du Code de Commerce.

Cette exception est une nécessité de la liquidation.

C'est, nous en avons la conviction profonde, l'une des conditions équitables, rationnelles de la réforme projetée, la première de toutes, la condition essentielle, celle dont le rejet l'empêcherait d'atteindre les résultats désirés.

Nous ne voulons laisser aucun doute sur la modification que nous proposons.

Ce n'est pas seulement le privilége pour loyers à échoir qu'il faut, à notre avis, supprimer. La collocation chirographaire du propriétaire, si elle continuait à paraître dans la faillite avec le caractère de l'exigibilité légale, y aurait tous les inconvénients du privilége.

Nous avons démontré qu'il ne saurait être question des loyers à échoir, dans le cas de résiliation du bail : Nous demandons l'abolition générale de l'exigibilité légale de toutes les créances à terme du propriétaire, dans le cas où les autres créanciers peuvent et veulent user du droit de relocation.

Peut-être fera-t-on l'objection suivante :

C'est une faculté, non une obligation, pour les créanciers, de continuer la jouissance. S'ils y renoncent, le bailleur, qui ne peut leur imposer la résiliation, devra la subir, c'est-à-dire, sera dans la nécessité de la faire prononcer. La situation n'est pas égale. Le propriétaire est à la merci des créanciers!

Cette inégalité de situation n'est que la plus naturelle conséquence des principes généraux sur les obligations. Les créanciers sont les ayant cause de leur débiteur, ayant cause facultatifs, maîtres d'exercer ses droits, libres de les répudier. Ils peuvent à leur gré, sans motifs, délaisser ceux de ses biens qu'ils ne veulent pas réaliser, spécialement le droit au bail. Et comment le propriétaire pourrait-il s'en plaindre? L'inexécution du bail résultant de la faillite, c'est-à-dire, d'un fait non imputable aux créanciers, personnel au preneur, lui ouvre l'action en résiliation et l'action en dommages-intérêts. Ces actions, les créanciers, loin de les contester, les consacrent d'une manière définitive par leur refus d'exercer la relocation.

## XV

Les créanciers, nous l'avons dit, doivent procurer au bailleur toute la sécurité sur laquelle il a dû compter.

Dans quels cas doivent-ils donner des sûretés? Quelle doit être leur étendue? En quoi doivent-elles consister? Qui doit les régler?

Les sûretés doivent garantir toutes les obligations du preneur, assurer la complète exécution du bail. Cela ne veut pas dire, assurément, que les créanciers soient tenus de fournir une caution, une hypothèque, une consignation pour une somme égale au montant des loyers à échoir, des travaux

stipulés, des réparations locatives éventuelles. Non.
Tout ce qu'on peut exiger, c'est qu'ils fassent en
sorte que le propriétaire soit placé dans une situation qui ne lui laisse aucune appréhension sérieuse
sur l'accomplissement intégral des engagements
résultant de la location.

Le propriétaire, en prévision de l'insolvabilité
de son locataire, s'est-il fait verser par anticipation
une somme considérable, ou consentir une hypothèque pour un chiffre représentant plusieurs années de loyer; le locataire a-t-il fait sur l'immeuble
*proprio motu*, sans y être obligé, des travaux im-
portants, utiles, de nature à lui donner une action
en plus-value; le droit au bail a-t-il été cédé par
les créanciers à un tiers d'une solvabilité notoire,
possesseur d'un mobilier relativement considérable?.... Le propriétaire, qui a toutes les garanties
possibles, ne saurait en réclamer de nouvelles. —
Autre serait la solution, si les lieux loués étaient
insuffisamment garnis, ou garnis d'objets d'un
facile déplacement; si la nature de l'exploitation
exposait l'immeuble à d'importantes dégradations;
s'il reste à exécuter des travaux pour un chiffre
élevé; si les créanciers veulent exploiter à leur
compte; si la jouissance est rendue au preneur par
un concordat; si la situation du cessionnaire du
droit au bail a déjà subi quelque atteinte.....

On ne saurait, on le voit, poser de règles abso-
lues. Pour remplacer la solvabilité du locataire,
détruite par la faillite, des garanties seront le plus
souvent nécessaires, quelquefois inutiles. Impossible aussi de déterminer *à priori* dans quelle mesure elles devront être fournies et le genre des

sûretés à donner. Les auteurs du Projet ont méconnu le progrès réalisé par notre législation, lorsqu'au lieu de s'inspirer de l'esprit des articles 1752 et 1766, ils ont, à l'exemple des Coutumes qui avaient, pour la plupart, fixé la valeur du *garnissement* des maisons louées ou des fermes, ils ont déterminé la nature et le *quantum* des garanties imposées aux créanciers comme condition de la relocation. Ceci est l'office du juge, non du législateur. Réglementer à l'avance une situation essentiellement mouvante, en vue de prévenir les difficultés, c'est précisément les faire naître. Tous, nous désirons, pour le succès de la liquidation, que les créanciers ne soient pas, sous de vains prétextes, entravés dans l'exercice de leur droit de disposer des lieux. Tous, nous voulons que le bailleur ait une pleine sécurité pour l'entière exécution du bail. Laissons-leur la liberté de s'arranger, de choisir ce qui leur convient, sinon, ils plaideront, et le but de la réforme ne sera qu'imparfaitement réalisé.

Des considérations se rattachant au même ordre d'idées s'opposent à ce que le législateur fixe des délais au propriétaire pour former sa demande en résiliation, et aux créanciers pour manifester leur intention de relouer. Dans l'intérêt de la liquidation, laissons aux parties le soin de poser et de résoudre ces questions en temps opportun.

## XVI

Nous nous résumons :

Toutes les locations sont, au même degré, favorables. — Conséquences : 1° Réduction du privilége, dans le cas de déconfiture, comme dans le cas de faillite ; 2° point de distinction entre les baux suivant la certitude de leur date ; 3° point de distinction entre les locations suivant leur destination.

Le privilége est une faveur qui cesse d'être légitime en cessant d'être nécessaire. — Conséquence : Réduction du privilége illimité des loyers échus.

Nul ne peut s'enrichir aux dépens d'autrui. — Conséquence : Obligation pour le propriétaire de tenir compte, en cas de résiliation, du profit qu'il retirera des travaux exécutés par le preneur.

Respect de ce principe de droit commun que les créanciers étant, sauf le cas de fraude, les ayant cause de leur débiteur, peuvent exercer ses droits, mais seulement dans la limite où il pourrait les exercer lui-même. — Conséquences : 1° Respect du droit acquis au bailleur de faire prononcer la résiliation ; 2° droit pour les créanciers de disposer des lieux, lorsque le preneur peut lui-même en disposer ; 3° obligation pour les créanciers, lorsqu'ils disposent des lieux, de procurer au bailleur toute la sécurité sur laquelle il a dû compter.

Le loyer cesse avec la jouissance. — Conséquence : Suppression, en cas de résiliation, de l'inexplicable collocation des loyers à échoir.

L'exigibilité légale, créée par les nécessités de la liquidation, ne doit pas les dépasser. — Conséquence : Abolition de l'exigibilité légale de la créance à terme du bailleur, dans le cas de continuation du bail.

Telles sont, dans leur simplicité, les idées que nous venons de développer.

Nous bornant à dégager nettement les principes, et laissant au juge cette latitude d'appréciation que souvent le législateur ne lui retire qu'au grand dommage de la justice, nous proposons de rédiger de la manière suivante l'article 2102 :

« Les créances privilégiées sur certains meubles
» sont :

» 1° Les loyers et fermages des immeubles sur
» les fruits de la récolte de l'année et sur le prix
» de tout ce qui garnit la maison louée ou la ferme,
» et de tout ce qui sert à l'exploitation de la ferme,
» *pour les trois derniers termes échus avant la*
» *faillite ou la déconfiture, et les loyers ou fermages*
» *échus postérieurement. Les autres créanciers pour-*
» *ront disposer des lieux loués pour le restant du*
» *bail, à la charge d'en remplir les obligations aux*
» *époques convenues et de donner, s'il y a lieu, des*
» *sûretés suffisantes; sauf pour le bailleur l'exer-*
» *cice du droit acquis à la résiliation, en tenant*
» *compte toutefois du profit qu'il retirera des tra-*
» *vaux exécutés par le preneur.*

» Le même privilége a lieu pour les réparations
» locatives, *pour les dommages-intérêts en cas de*

» *résiliation*, et pour tout ce qui concerne l'exécu-
» tion du bail. »


Puissent ces lignes être de quelque utilité à ceux qui étudient cette matière pour y introduire les améliorations qu'elle réclame ! Puissent-elles avoir pour résultat de hâter une révision si généralement désirée et attendue avec tant d'impatience ! Hélas ! l'opportunité de cette réforme n'est que trop réelle. Que de ruines à déblayer, que de situations à liquider à la suite de nos désastres !

Segré, le 4 juin 1871.

**DE SAINT-CHEREAU,**

*Docteur en droit, Président du tribunal civil de Segré (Maine-et-Loire).*

Segré, Imprimerie de V. Gérard.